Eva Rüscher · Fensterbilder riesengroß

EVA RÜSCHER

FENSTERBILDER RIESENGROSS

MIT VORLAGEN IN ORIGINALGRÖSSE

Christophorus-Verlag · Freiburg i.Br.

Inhaltsverzeichnis

Fensterschmuck
Eine alte Tradition 5
Fensterbilder riesengroß 6

Das Material
Werkstoff Papier 7
Farbige Papiere 7

Die Anfertigung
Das Übertragen der Vorlagen 8
Das Schneiden 9
Tips zur Befestigung 10
Hilfsmittel 11
Variationsvorschläge 11

Freie Themen 12
Kinderhaus 12
Szenen aus dem Kinderhaus 14
Ein Ballon in den Wolken 16
Hundefamilie 18
Das Hundekörbchen 20
Gänse 22
Bärenmutter mit Kind 24
Bärenkinder unterm Sonnenschirm 26
Bärenkinder beim Baden 28
Kleine Bären unterwegs 30
Hallighaus 32
Vogelbaum 34

Ostern 36
Hasennest 36
Hühnernest 38
Hühnerhaus 40

Advent und Weihnachten 42
Nikolaus 42
Nikolausstiefel 44
Ein Fries aus Nikolausstiefeln 46
Nikolaus aus Transparentpapier 48
Nußknacker 50
Engel 52
Bäume und Sterne 54
Großer Weihnachtsbaum 56
Kleiner Weihnachtsbaum 58
Filigraner Weihnachtsbaum 60
Hirten und Schafe 62

Fensterschmuck

Eine alte Tradition

Die Tradition, Räume mit Fensterschmuck auszugestalten, ist alt. Die gotischen Kirchenfenster mit ihren leuchtenden Farben waren Vorbild, als man im späten Mittelalter zunächst in vornehmen und bürgerlichen Häusern begann, kleine Zierscheiben in die bleiverglasten Fenster einzusetzen. Auf ihnen waren vor allem Wappen, biblische Themen, Szenen aus dem täglichen Leben sowie Blumen- und Tiermotive abgebildet.
Im 16. Jahrhundert nahm dieser Schmuck im süddeutschen und schweizerischen Raum stark zu. Während diese Sitte dort zur Jahrhundertwende wieder zurückging, lebte sie in norddeutschen Regionen, in den Niederlanden und in Skandinavien bis zum späten 18. Jahrhundert fort. Hier fanden die mit Schwarzlot und Schmelzfarben gebrannten Glasscheiben auch Eingang in den ländlichen Bereich.
Häufig waren die bunten Flachscheiben Geschenke an Freunde und Verwandte, die einen neuen Hausstand gründeten. Als Teil der Fensterverglasung stellten sie einen Beitrag zur Ausstattung der Wohnung dar, zugleich aber waren sie auch Ausdruck von Glückwünschen und in gewisser Weise Statussymbol.
Als Dank wurden die Schenkenden eingeladen zum sogenannten Fensterbier – daher auch der Name Fensterbierscheiben für diese Art von Fensterschmuck.
Die Tradition des Fensterschmükkens erlebte Mitte unseres Jahrhunderts eine Renaissance, als von Skandinavien, vorrangig Dänemark, Fensterbilder aus Papier zu uns kamen. Ihre Themen waren breit gefächert wie die der nordischen Volkskunst, die Farben abwechslungsreich; allein die Weihnachtsmotive beschränkten sich auf das traditionelle Rot und Weiß. Was diese Fensterbilder gemeinsam hatten, war ihre kunstvolle Fertigung: Die filigranen Gebilde waren meistens gestanzt, von Hand sorgsam ineinandergefügt und geklebt. In ihrer Wirkung erinnerten sie an die verbreitete Kunst des Scherenschnittes.
In weiten Kreisen fanden die Fensterbilder aus Papier bei uns Anklang. Die Gestaltung hat sich mittlerweile gewandelt: Farben, Formen und Motive wurden variiert, an unsere Kultur und die neue Zeit angepaßt. So blieb die Beliebtheit des Papierschmucks bis heute ungebrochen. Das mag nicht zuletzt an dem Werkstoff liegen, der Erwachsenen wie Kindern vertraut ist. Denn Papier ist eine unerschöpfliche Quelle für reizvolle Dekorationen.

Ich möchte Ihnen hier eine Auswahl solcher Dekorationen präsentieren: Fensterbilder mit Themen, die das ganze Jahr über Freude bereiten, daneben aber auch Motive, die einstimmen auf unsere schönsten Feste – Weihnachten und Ostern.

Fensterbilder riesengroß

Die großen Fensterscheiben in Kindergärten und Schulen sowie im modernen Wohnbereich verlangen geradezu nach Schmuck. Hier bieten sich Fensterbilder in riesigen Formaten an.
Im vorliegenden Band zeige ich Ihnen großflächige Fensterbilder aus Papier, die man direkt auf die Scheiben klebt. Da Vorder- und Rückseite gleichermaßen sorgfältig und schön gearbeitet sind, kann man die Motive von drinnen wie von draußen bewundern.
Das Material erlaubt, daß sich auch Kinder an der Herstellung beteiligen. Und da sie an allem Vergnügen haben, was bunt und fröhlich aussieht, stelle ich mehrere ganz spezielle Kindermotive vor. Einige davon lassen sich aus Einzelteilen zusammensetzen und beliebig erweitern. So kann man Friese gestalten, die sich übers ganze Fenster ziehen – eine Arbeit, die sich auch für Kindergruppen anbietet: Dabei darf jeder das Fensterbild durch ein eigenes Element ergänzen. Das regt zu immer neuen Kreationen an. Und vor allem haben groß und klein garantiert ihren Spaß daran.
Ein gutes Gelingen und viel Freude an den Werkstücken wünscht Ihnen

Eva Rüscher

Das Material

Werkstoff Papier

Der Werkstoff, mit dem wir am frühesten vertraut werden, ist Papier. Das bunte Material, das sich so leicht knüllen, reißen und variieren läßt, fasziniert uns bereits in unseren ersten Lebensjahren. Im Kindergarten nimmt der Umgang mit ihm noch zu. Wir lernen, Papier zu falten, zu formen, zu kleben, zu bemalen. In der Schule werden die Techniken dann raffinierter. Man schneidet das Material ein, klappt es um, baut es auf und kommt so von der Fläche zum Raum.
Es liegt nun an jedem einzelnen, die kreativen Möglichkeiten, die der Werkstoff Papier bietet, weiterzuentwickeln. Die Voraussetzungen sind gut, denn Papier ist fester Bestandteil unseres Alltags. Wer interessante und schön bedruckte Papiere und Kartons sammelt, lernt schnell die Vielfalt dieses Stoffes kennen und schätzen.

Farbige Papiere

Grundsätzlich unterscheidet man bei farbigen Papieren *Ton-* und *Buntpapiere.* Buntpapiere sind weiße, auf einer Seite farbig bedruckte Papiere, die es in matter oder glänzender Ausführung gibt. Bei den Fensterbildern in diesem Band können sie lediglich zur Verzierung eingesetzt werden. Bei Tonpapieren ist die Papiermasse gefärbt; somit sind sie auch an den Riß- oder Schnittkanten farbig.
Tonpapier und *Tonkarton* unterscheiden sich durch die Stärke bzw. das Gewicht, das man in Gramm pro Quadratmeter (g/qm) mißt. Tonpapier wiegt ca. 120 g/qm, während Tonkarton mit einem Gewicht von 180 bis 220 g/qm angeboten wird und sich damit für stabile, tragende Teile der Fensterbilder anbietet. Zum Vergleich: Einseitig farbig bedruckter Plakatkarton ist 400 g/qm schwer, Seidenpapier 18 g/qm.
Tonpapiere und Tonkartons sind die Hauptbestandteile der hier vorgestellten Fensterbilder.
Ein weiteres durchgefärbtes Papier, das gut anstelle von Tonpapier verwendet werden kann, ist *Ingrespapier* (95 g/qm). Es ist in matten Farben erhältlich.
Japico, ein stabiler durchgefärbter Tonkarton, der eine leicht gerippte Oberflächenstruktur aufweist, nimmt aufgrund seiner Stärke eine Sonderstellung ein. Er eignet sich gut für großflächige Formen, bei denen Stabilität wichtig ist.
Die genannten Papiere und Kartons haben den Nachteil, daß sie

in der Sonne ausbleichen. In höherem Maß lichtbeständig ist intensiv durchgefärbtes *Tonzeichenpapier* (z. B. von Stewa oder von Canson). Es weist die Qualität eines stärkeren Tonpapiers auf und kann alternativ zu diesem oder zu Tonkarton eingesetzt werden.
Das normale Tonkartonformat beträgt 50 × 70 cm. Einige der in diesem Band beschriebenen Arbeiten gehen über dieses Format hinaus. In gut sortierten Fachgeschäften bekommen Sie Übergrößen, zumindest in Weiß. Da solche Formate häufig für Bauzeichnungen gebraucht werden, sind sie auch im entsprechenden Fachhandel erhältlich. Ansonsten lassen sich die Arbeiten ebensogut aus zwei Tonkartonbögen zusammensetzen. Man muß in dem Fall nur eine Klebestelle einplanen.

Die Anfertigung

Das Übertragen der Vorlagen

Auf den beiliegenden Vorlagenbögen finden sich alle Muster der Werkstücke in Originalgröße. Die riesigen Formate der Fensterbilder machen eine besondere Übertragungstechnik notwendig.
Sie können mehrere Bögen *Kohlepapier* so aneinanderkleben, daß Sie die benötigte Fläche erhalten. Einfacher ist es, wenn Sie sich *Kopierpapier* für Schneider im Fachgeschäft besorgen. Eine Packung enthält je einen weißen und einen gelben Bogen der Größe 83 × 57 cm, die mehrfach verwendet werden können.
Das Kohle- bzw. Kopierpapier legen Sie mit der farbigen Fläche auf den gewählten Tonkarton oder das Tonpapier; der Vorlagenbogen kommt darüber. Nun fahren Sie das Muster mit einem *Bleistift mittlerer Härte (HB)* nach und übertragen es so auf den Kar-

ton. Vorsicht: Die Linien lassen sich nicht ausradieren.
Die folgende Art der Übertragung ist etwas aufwendiger, sie hinterläßt aber keine Ränder: Sie pausen das ganze Fensterbild auf einen großen Bogen *transparentes Pergamentpapier* durch. Auf die Rückseite der Zeichnung legen Sie mit einem *sehr weichen Bleistift (B4)* enge Schraffuren. Nun breiten Sie die Pergamentzeichnung auf den Tonkarton, befestigen sie am Rand mit Klebestreifen, damit nichts verrutscht, und fahren die ganze Zeichnung noch einmal nach. Durch die Schraffur auf der Rückseite bildet sich die Linie auf dem Tonkarton ab. Sie kann leicht ausradiert werden, wenn beim Schneiden Reste stehen bleiben sollten.
Zum Verarbeiten kleinerer Zusatzteile (z. B. Schleifen bei den Teddybären) oder zum Herauslösen einzelner Teile aus einem Gesamtbild (z. B. Kinder aus dem Kinderhaus) hat sich stärkere *Klarsichtfolie* bewährt. Legen Sie ein Stück Folie über die Vorlage, und zeichnen Sie das gewünschte Teil mit einem wasserfesten *Folienstift* ab. Wasserlösliche Stifte schmieren leicht bei warmen Händen! Nun schneiden Sie die Form aus der Folie aus und haben so eine immer wieder einsatzfähige Schablone. – Man kann Klarsichtfolien gut aus Verpackungsmaterial ausschneiden (Schachteln für Wolle, Geschenkkartons, Abdeckungen von Obststeigen), oder man verwendet stabile Einsteckhüllen.

Das Schneiden

Die Fensterbilder werden am schönsten, wenn man sie mit einem *Papiermesser (Cutter)* schneidet. Im Handel gibt es verschiedene Modelle. Beim Kauf sollten Sie darauf achten, daß das Gerät gut in der Hand liegt: Halten Sie es wie einen Füller. – Außerdem ist es wichtig, daß die Klinge leicht einrastet.
Beim Schneiden soll nur ein Klingenteil ausgeschoben sein. Ist dieses Teil stumpf, brechen Sie es vorsichtig ab. Im allgemeinen haben die Cutter dafür ein integriertes kleines Hilfsgerät. Falls Sie damit nicht zurechtkommen, nehmen Sie zum Abbrechen eine Flachzange. Halten Sie das Messer dabei möglichst weit von sich, so vermeiden Sie Verletzungsgefahren, die beim Abspringen der Klinge auftreten könnten. Lassen Sie diesen Vorgang nie von Kindern ausführen!
Zum Schneiden benötigen Sie eine *Unterlage.* Das kann eine genügend große, stabile Pappe sein, etwa Graupappe, die man auf der Rückseite von Zeichenblöcken

Skizze 1

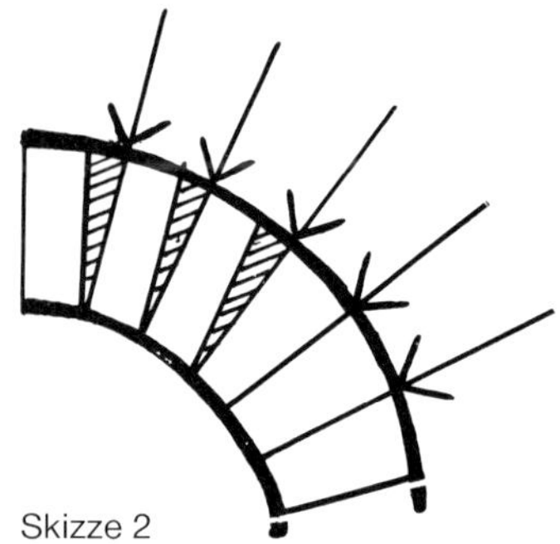

Skizze 2

findet. Auch ein Stück Linolplatte, wie sie für Linoldrucke benutzt wird, eignet sich. Der Handel bietet außerdem sogenannte Schneidewiesen (auch Cut mat) an. Dies sind 3 mm starke Kunststoffplatten in DIN-Formaten, deren Oberfläche sich nach dem Schnitt wieder schließt. Bei Keilschnitten allerdings trennt das Messer den Einschnitt heraus. Der Nachteil dieser Platten ist der verhältnismäßig hohe Anschaffungspreis.
Arbeiten Sie möglichst auf einer Tischfläche, auf der Sie die riesengroßen Fensterbilder in die jeweils benötigte Schneiderichtung drehen können. Lassen Sie dabei die Spitze des Cutters im Werkstück stecken, und drehen Sie es mitsamt der Unterlage in die günstigste Richtung. So können Sie, ohne abzusetzen, weiterschneiden.
Lange gerade Schnitte führen Sie am *Lineal* entlang aus. Bei Holzlinealen ist die Gefahr, mit dem Cutter im Lineal zu landen, kleiner als bei Plastiklinealen. Bestens geeignet sind Stahllineale.
Versuchen Sie, möglichst rationell zu schneiden, um unnötiges Drehen zu vermeiden: Führen Sie alle Schnitte, die dieselbe Richtung haben, hintereinander aus, auch wenn sie nicht unbedingt zum gleichen Bildabschnitt gehören (Skizze 1).

Hier noch einige Details:
Bei den beschriebenen Fensterbildern taucht mehrmals ein Schaukelpferd auf. Seine Mähne wirkt besonders „haarig", wenn Sie neben jedem Einschnitt einen kleinen Winkel wegschneiden (Skizze 2).
Sehr kleine Rundungen, wie sie zum Beispiel beim Kinderhaus vorkommen, schneiden Sie am besten mit einer ganz *feinen Schere (Nagelhautschere)*. Wenn man das Messer nämlich in einem zu kleinen Radius dreht, schneidet es das Papier nicht mehr, sondern schiebt es zusammen.
Alle großen Formen (Bären, Nikolausstiefel, Hunde, Hasen und Hühner) lassen sich am besten mit einer Handarbeitsschere (Länge ca. 14 cm) schneiden. Achten Sie darauf, daß die Klingen scharf sind, damit Sie saubere Schnittkanten erhalten.

Tips zur Befestigung

Die riesengroßen Fensterbilder lassen sich ganz leicht mit durchsichtigem *Klebefilm* an der Fensterscheibe befestigen. Dabei müssen alle Teile, die hervorklappen oder durchhängen könnten, angeklebt werden.
Soll die Klebestelle nahezu unsichtbar sein, drehen Sie aus dem Klebefilm kleine Röllchen (Klebe-

fläche außen), die Sie dann an allen exponierten Stellen auf die Rückseite heften.
Durch starke Sonneneinstrahlung kann sich der Klebefilm recht fest mit der Fensterscheibe verbinden. Wenn Sie einige Tropfen Pinselreiniger auf ein Tuch geben und kräftig reiben, lösen sich auch die letzten Reste von der Scheibe.

Hilfsmittel

Als weiteres Werkzeug eignet sich eine *Lochzange*. Sie erleichtert das Anbringen von kleinen Öffnungen (z. B. Augen).
Die Arbeiten dieses Buches wurden mit UHU flinke flasche geklebt – ausgenommen die dünnen Papiere (Schrankpapier, Geschenkpapier). Hier empfiehlt sich ein Klebestift, z. B. UHU stic, denn er schlägt durch das dünne Papier nicht durch. In den folgenden Arbeitsbeschreibungen wird nur *Klebstoff* bzw. *Klebestift* erwähnt.

Variationsvorschläge

Aus einigen Fensterbildern lassen sich leicht einzelne Bildteile lösen. Dies gilt für das Motiv mit den Hirten, Schafen und Bäumen, für die Gänse, das Kinderhaus, das Hasennest und Hühnernest. Man überträgt die Teile, wie oben (S. 8) beschrieben, auf Folie und schneidet eine Schablone aus. Die Formen können schon von kleineren Kindern nachgezeichnet und ausgeschnitten werden. Aus den Einzelteilen lassen sich abwechslungsreiche Fensterfriese gestalten. Arbeitet man in Gruppen, darf jeder sein eigenes Bildelement dazu beisteuern.
Einige Motive (z. B. Gänse) lassen sich auch, mit Fäden verbunden, als Mobiles aufhängen. Es wäre außerdem möglich, die herausgelösten Teile als Schablonen für Einladungen und Tischkarten zu verwenden (Kinder, Hirten und Schafe) oder aus kleineren Dekorationselementen (Auto, Lok, Puppe, Teddy, Schaukelpferd) Geschenkanhänger zu basteln.
Die großen einfachen Tierformen (Gänse, Hasen, Hühner) eignen sich zudem gut als Schablonen für die Spritztechnik.
Sicher fallen Ihnen bei der Durchsicht des Buches noch mehr Verwendungsmöglichkeiten ein.

Freie Themen

Dieses Kapitel zeigt Fensterbilder mit freien Themen, an denen alt und jung das ganze Jahr hindurch Freude haben: Farblich fein abgestimmt, unterstreicht ein Vogelbaum oder ein Halligaus mit kunstvoller Wirkung das Ambiente des Wohnraumes. Fröhlich-bunte Tiermotive mit Bären und Hunden lassen jedes Kinderherz höher schlagen; aus großen einfachen Formen zusammengesetzt, können diese Fensterbilder auch gut in Kindergruppen gebastelt werden.

Kinderhaus

Im Kinderhaus ist immer und überall was los. Da wird gespielt, gelesen, Musik gemacht . . .
Schneiden Sie zuerst die Umrißlinie des Hauses. Die Fläche zwischen Fahnenstange und Luftballon sollten Sie aus Gründen der Stabilität bis zum Schluß stehenlassen. Beim Schneiden der Innenflächen drehen Sie sich das Kinderhaus mit der Unterlage in die jeweilige Schnittrichtung; das erleichtert die Arbeit. Für kleine Rundungen nehmen Sie am besten eine Nagelhautschere.
Zum Schluß bekommen der Hund, der Papagei und die anderen Vögel Augen (Lochzange).
Das Motiv läßt sich gut ergänzen durch einen Fesselballon, der über dem Haus zwischen Wolken schwebt (Seite 17).

Material
Tonzeichenpapier

Werkzeug
Cutter, Unterlage zum Schneiden, kleine Schere (Nagelhautschere), Lochzange

Szenen aus dem Kinderhaus

Wenn man sich das rote Kinderhaus (Seite 13) anschaut, entdeckt man immer wieder neue Details: das Kasperltheater mit seinen begeisterten Zuschauern, die Kinder mit der Lok, die kleine Puppenmutter . . .
Die Szenen sind in sich so abwechslungsreich, daß man aus ihnen gut eigenständige Fensterbilder gestalten kann. Die Motive rechts sind nur ein Beispiel dafür. Auch das Türmchen mit den Musikanten oder die Leseratte im Dachgiebel geben reizvolle Fensterbilder ab. Ein locker gestalteter Fries aus Einzelszenen, die sich über die ganze Fensterbreite ausdehnen, wäre eine weitere Variante.

Ein Ballon in den Wolken

Der leuchtende Ballon, der in den Wolken schwebt, eignet sich als Dekoration für das Kinderhaus genauso wie als Einzelmotiv.
Wenn Sie sehr geschickt planen, schaffen Sie es, das ganze Kinderhaus mit Ballon und Wolken auf einen Bogen Tonkarton zu übertragen.
Vielleicht bevorzugen Sie aber auch verschiedene Farben: Wie wär's dann zum Beispiel mit einem blauen Ballon und einem Himmel voller weißer Wölkchen?

Hundefamilie

Die jungen Hunde blicken mit großen, neugierigen Augen in die Welt. Doch noch suchen sie Geborgenheit bei der Mutter . . .
An dem Motiv der Hundefamilie werden große wie kleine Tierliebhaber Gefallen finden. Die Formen sind so einfach, daß auch jüngere Kinder beim Basteln mithelfen können.
Die Hunde auf Seite 19 und 21 und die zu diesem Motiv gehörenden Teile sind auf dem Vorlagenbogen von 1 bis 6 durchnumeriert. Sie werden aus Tonkarton in Schwarz und Weiß sowie unterschiedlichen Beige- und Brauntönen gearbeitet.
Ohren, Schwänze, Pfoten, Nasen und Augen werden jeweils doppelt ausgeschnitten. Sind für die Augen keine Muster angegeben, so zeichnen Sie diese nach der Abbildung mit einem schwarzen Filzstift auf.

Material
Tonkarton in Schwarz und Weiß sowie verschiedenen Beige- und Brauntönen

Werkzeug
Cutter, Unterlage, kleine Schere (Nagelhautschere), brauner oder schwarzer Filzstift, Klebstoff

Das Hundekörbchen

Mit tolpatschigen Pfoten macht das gelbe Hündchen die ersten Schritte. Noch bleibt es in der Nähe des Körbchens, wo sich seine Geschwister ausruhen.
Der schläfrige kleine Hund mit dem rötlich-braunen Fell (Nummer 4) wird als einziger aus doppelt gelegtem Tonpapier gefertigt. Kleben Sie ihn nur am Hinterteil zusammen. Wenn Sie an den innen liegenden Ohren einen Einschnitt anbringen, so kann der Kopf auf beiden Seiten über den Körbchenrand hängen. Der auf dem Musterbogen vorgesehene Schwanz muß etwas zurechtgeschnitten werden, damit er Platz im Körbchen findet.
Auch das Körbchen wird doppelt aus Tonpapier ausgeschnitten, wobei man am besten mit dem Flechtmuster beginnt. Danach schneiden Sie die Außenkanten.
Kleben Sie nun den mittelbraunen Hund (Nummer 3) zwischen die Körbchenteile.
Die Hunde, die Sie hier sehen, können Sie natürlich auch mit den anderen zu einer Hundefamilie vereinen und als Fries ans Fenster kleben.

Gänse

Das fröhliche Fensterbild mit der Gänsefamilie besticht durch die einfachen Formen und klaren Farben . . .
Die Gänse wurden aus einem weißen Tonkarton geschnitten, der die Maße 75 × 50 cm hat. Sollten Sie diese Übergröße nicht bekommen, müßten Sie ein Gänsehinterteil mit Fuß und Grasbüschel (ca. 10 cm) extra schneiden. Planen Sie dafür Klebestellen ein, die sich ein wenig überlappen können (s. Hirten auf dem Vorlagenbogen).
Malen Sie die Schnäbel und die Füße auf einer Seite mit einem roten Filzstift an. Wenn Sie den Bogen nun ans Fenster halten, können Sie auf der anderen Seite gut die Konturen der Schnäbel und Füße erkennen und leicht mit einem Bleistift nachfahren. Die Bemalung dieser Teile sollte sich auf jeden Fall decken, da sie durch den weißen Karton durchscheint.
Knipsen Sie die Augen mit Hilfe einer Lochzange ein.

Material
Tonkarton

Werkzeug
Cutter, Unterlage, roter Filzstift, Bleistift, Lochzange

Bärenmutter mit Kind

Teddybären gehören, seit es sie gibt, zu den besten Freunden der Kinder. Mittlerweile kennt man die kleinen Plüschtiere in den verschiedensten Ausführungen.
Auch als Fensterbildmotive werden Bären die Herzen der Kinder im Nu erobern.
Die großen geschwungenen Formen der Bären lassen sich am besten mit der Schere ausschneiden, während sich für die Innenformen ein Cutter anbietet.
Die Bären auf Seite 25 und 27 (Vorlagenbogen A und C) schneiden Sie je einmal aus Tonkarton. Für die Halsschleifen eignet sich Schrankpapier oder bedrucktes Geschenkpapier. Nehmen Sie zum Kleben solch dünner Papiere einen Klebestift; er schlägt nicht fleckig durch!
Das Gesicht des kleinen Bären wird auf beiden Seiten mit einem schwarzen Filzstift angemalt. Augen, Nase und Mund des großen Bären werden aus doppelt gelegtem rosa Tonpapier ausgeschnitten.
Gleiches gilt für die Fußsohlen. Dabei gibt es jeweils ein längliches Oval für den hochstehenden und ein breites Oval für den aufliegenden Bärenfuß.

Material
Tonkarton in verschiedenen Brauntönen und Rosa
Tonpapier in Weiß, Schwarz, Beige
Schrankpapier oder Geschenkpapier

Werkzeug
Schere, Cutter, Unterlage, Klebstoff, schwarzer Filzstift

Bärenkinder unterm Sonnenschirm

Hier sitzt der kleine Bär (von Seite 25) mit seinem Zwillingsbruder unterm Sonnenschirm: eine Variante, mit der die Vielfalt der Gestaltung angedeutet werden soll . . .
Die Schirmteile werden jeweils zweimal aus doppeltem Tonpapier geschnitten. Man kann hierfür auch sogenannte Elefantenhaut verwenden (s. Abb.), ein Bezugspapier, das Buchbinder benutzen. (Reste werden oft kostenlos abgegeben.)

Zusätzliches Material
eventuell Elefantenhaut (Bezugspapier)

Bärenkinder beim Baden

Zwei kleine Bären, die sich vom Baden und Planschen ausruhen: Auch bei diesem Motiv ist es am einfachsten, die Bären mit der Schere aus Tonkarton auszuschneiden und die Innenschnitte dann mit dem Cutter auszuführen.

Bär mit Ball (G)

Wieder werden Augen, Nase, Mund und Tatzen aus doppelt gelegtem Tonpapier ausgeschnitten. Den Arm, der den Ball hält, schneiden Sie zweimal aus passendem Tonkarton. Auch die Teile des Balles (Grundfläche und zwei farbige Teile) müssen doppelt geschnitten werden.

Bär mit Badeanzug (D)

Sämtliche Teile in Blau schneiden Sie aus doppelt gelegtem Tonpapier aus.

Material
Tonkarton in unterschiedlichen Brauntönen
Tonpapier in Blautönen und Braun

Werkzeug
Schere, Cutter, Unterlage, Klebstoff

Kleine Bären unterwegs

Zwei unternehmungslustige kleine Bären Hand in Hand: als Einzelmotiv oder zusammen mit den anderen Bären als großer Fensterfries.

Bär mit Lok (E)

Nase, Mund und Augen werden aus doppelt gelegtem Tonpapier gefertigt, die Lok aus einem Rest Karton oder Papier. Das Motiv der Lok finden Sie auch auf dem Vorlagenbogen.
Die Zehen und Krallen malen Sie mit einem braunen Buntstift an.

Bär mit Päckchen (F)

Schneiden Sie Augen, Mund, Nase und Tatze aus doppelt gelegtem Tonpapier, die Schleife aus Schrankpapier. Befestigen Sie letztere mit einem Klebestift.
Malen Sie am Schluß die Zehen und Krallen mit einem weißen Buntstift an.

Material
Tonkarton in Beige und Brauntönen
Tonpapier in Weiß und Braun
Schrankpapier oder Geschenkpapier

Werkzeug
Schere, Cutter, Unterlage, brauner Buntstift, weißer Buntstift, Klebstoff

Eine Variante

Diese und die anderen Bären können Sie auch gut weihnachtlich gestalten, indem Sie Dekorationsteile wie die Schleifen aus kleingemustertem Weihnachtspapier arbeiten. Geben Sie den Bären dann Zutaten aus einem Nikolausstiefel (Seite 45, 47) in die Arme oder einen Spekulatius, der in einer Zellophantüte steckt. Goldene Aufklebesternchen verstärken den weihnachtlichen Eindruck.

Hallighaus

Vor allem wohl die Freunde des Nordens werden sich angesprochen fühlen von dem Hallighaus mit seinen verhaltenen Farben und seiner zarten, filigranen Wirkung.
Auch für dieses Fensterbild wird nur ein Bogen Tonkarton benötigt.
Schneiden Sie zuerst die Umrißlinie, dann das Haus mit dem Baum und anschließend die Wellen mit dem Cutter aus. Als letztes sind die feinen Stege an der Reihe, die Wasser und Haus verbinden. Denken Sie beim Schneiden daran, daß Sie das ganze Motiv mit der Unterlage immer wieder in die gewünschte Schnittrichtung drehen.
Die Wolken und Vögel fertigen Sie aus dem restlichen Tonkarton und arrangieren alles so, wie auf der Abbildung zu sehen. Das Fensterbild vermittelt nun einen Eindruck von Tiefe.

Material
Tonkarton (hier Japico) in der gewünschten Farbe

Werkzeug
Cutter, Unterlage

Vogelbaum

Dieser Baum mit seinem vollen Laub und den vielen kleinen Vögeln ist ein besonders attraktiver Frühjahrsschmuck.
Das Motiv paßt genau auf einen Bogen Tonkarton.
Es läßt sich weitgehend mit einem Cutter ausschneiden. Werden die Rundungen für den Cutter zu eng, nehmen Sie eine feine Schere.
Die Augen der Vögel können Sie wieder mit Hilfe einer Lochzange anbringen.

Material
Tonkarton in beliebiger Farbe

Werkzeug
Cutter, Unterlage, feine Schere (Nagelhautschere), Lochzange

Ostern

Was wäre Ostern ohne seine Symbole, ohne Hasen, Hühner und bunte Nester? Auf den nächsten Seiten sehen Sie Vorschläge, wie Sie Fensterbilder mit typischen Ostermotiven gestalten können. Die sonnigen Farben verstärken die Frühlingsstimmung.

Hasennest

Osternester einmal anders: als Fensterschmuck aus Papier.
Bei diesem Fensterbild wird die Wiese aus doppeltem Tonkarton ausgeschnitten. Sie legen die Unterkante der Wiese an den Falz, schneiden ihn aber nicht durch! Das Muster für die Wiese finden Sie auf dem Vorlagenbogen.
Schneiden Sie nun die Hasen aus Tonkarton in unterschiedlichem Braun. Die Blumenstengel werden ebenfalls aus Tonkarton gearbeitet, die Blüten und die Eier aus doppelt gelegtem Tonpapier. Damit nichts aus Ihrem Fensterbild herausklappen kann, sollten Sie die Hasen und Osterglocken so arrangieren, daß sich überall Verbindungen ergeben.
Verzieren Sie das Nest zuletzt beidseitig mit einigen Eiern.

Material
Tonkarton in Hell- und Dunkelgrün, verschiedene Brauntöne
Tonpapier in Gelb, Orange, Weiß

Werkzeug
Schere, Cutter, Unterlage, Klebstoff

Hühnernest

Als Gegenstück zum Hasennest: ein Nest mit Hühnern und Küken. Das leuchtende Gelb des Gefieders läßt das Fensterbild ausgesprochen fröhlich erscheinen.
Verfahren Sie bei dieser Wiese genau wie beim Hasennest (Seite 37). Zwischen den beiden Teilen ordnen Sie Huhn und Hahn sowie die Tulpen an. Diese werden einzeln aus Tonkarton geschnitten und dann angeklebt – mit Ausnahme der Tulpe vor dem Hahn: Die doppelt gelegten Blüten aus Tonpapier werden von vorne und hinten auf die Stengel und teilweise auf Huhn und Hahn geklebt. Versuchen Sie auch diesmal, alle Elemente miteinander zu verbinden, damit nichts aus dem Bild herausklappen kann.
Verteilen Sie die Eier und die Küken auf beiden Seiten, und malen Sie dann mit einem roten Filzstift Schnäbel und Füße.

Material
Tonkarton in Hell- und Dunkelgrün und Gelb
Tonpapier in unterschiedlichen Gelbtönen und Weiß

Werkzeug
Schere, Cutter, Unterlage, Klebstoff

Hühnerhaus

Ein Haus voller Küken und Hühner – ein Motiv, das weit über Ostern hinaus aktuell bleibt . . .
Das Hühnerhaus wird mit Hilfe des Vorlagenbogens auf gelben Tonkarton gezeichnet.
Mit dem Cutter schneiden Sie dann die geraden Linien am Lineal entlang. Für die Rundungen empfiehlt sich eine Nagelhautschere, während bei den Innenschnitten wieder ein Cutter besser geeignet ist.
Die Augen knipsen Sie mit Hilfe der Lochzange. Nun malen Sie mit einem roten Filzstift auf einer Seite alle Schnäbel, Kämme und Lappen an. Halten Sie das Haus mit dieser Seite an die Fensterscheibe, und zeichnen Sie mit Bleistift auf der Rückseite ganz zart die Ränder der bemalten Flächen nach. Da heller Karton durchscheinend ist, sollten sich die roten Flächen decken.

Material
Tonkarton in Gelb (oder Weiß)

Werkzeug
Cutter, Unterlage, kleine Schere (Nagelhautschere), Locher bzw. Lochzange, roter Filzstift, Klebstoff

Eine Variante (Bild links)

Die Farbe bestimmt die Wirkung mit. Probieren Sie aus, welcher Ton das Bild bei Ihnen am besten zur Geltung bringt. Und lassen Sie sich zur weiteren Ausgestaltung des Themas anregen: Mit einigen Accessoires – bunten Eiern und einem Körbchen etwa – lassen sich die schönsten Osterarrangements entwerfen.

Advent und Weihnachten

Advent – Zeit der Einstimmung auf Weihnachten. Dazu gehört auch die äußere Vorbereitung – wie etwa das Ausschmücken der Räume mit immergrünen Gebinden und Kerzen oder mit Tellern voller Äpfel und Nüsse.
Große Fenster im Wohnbereich, in Kindergärten und Schulen bieten sich besonders an zur Dekoration: Ein Nikolaus im roten Mantel, prall gefüllte Stiefel und natürlich Weihnachtsbäume, Sterne, Engel sind Themen für Fensterbilder, die bei Kindern wie Erwachsenen beliebt sind. – Das Ausarbeiten und Ausgestalten dieser Motive macht in der Familie genausoviel Spaß wie in Kindergruppen.

Nikolaus

Über so einen gutmütigen Nikolaus freut sich jedes Kind . . .
Schneiden Sie die Grundform des Nikolaus aus rotem Tonkarton aus und zeichnen Sie die Markierungen der Arme auf. Die anderen Teile werden einmal aus Tonpapier geschnitten. Ausnahmen bilden Schuhe, Stulpen und Augen (jeweils zweimal) und Knöpfe (dreimal).
Die Nähte um den Flicken herum werden aufgemalt.
Der noch unfertige Nikolaus läßt sich auch gut als Adventskalender verschenken, der Tag für Tag weiter ergänzt wird: Numerieren Sie die zugeschnittenen Teile auf der Rückseite – es sind 24 –, und packen Sie diese zusammen mit der Grundform, mit einer Skizze oder einer Kopie der Abbildung rechts (welches Teil gehört wohin?) und einer Minitube Klebstoff in eine Tüte. – Bei diesem originellen Geschenk ist Ihnen der Erfolg gewiß.

Material
Tonkarton in Rot
Tonpapier in Grün, Braun, Weiß, Schwarz, Rosa, Gelb, Orange, Türkis, Blau
Goldpapier

Werkzeug
Schere, Cutter, Schneideunterlage, schwarzer Filzstift, Klebstoff

Nikolausstiefel

Was wäre der Nikolaustag ohne gefüllte Stiefel? Als Vorboten des Weihnachtsfestes verstärken sie die Vorfreude und verkürzen die Wartezeit.
Schneiden Sie den Stiefel (Seite 45 bzw. 47) aus rotem Tonkarton einmal zu, ebenso die kleinen Geschenke, mit denen Sie den Stiefel füllen möchten. Diese werden oben an den Stiefelschaft geklebt. Mit dem doppelt zugeschnittenen Pelzbesatz aus weißem Tonpapier kann man die Klebestellen verdecken.
Auf der Abbildung rechts ist der Kragen des Kaspers eingeschnitten. Sie können ihn auch gut aufmalen; das erhöht die Stabilität.

Material
Tonkarton in Rot
Tonpapier in Weiß; verschiedene Töne je nach Füllung

Werkzeug
Schere, Klebstoff

Ein Fries aus Nikolausstiefeln

Die Spielsachen und Leckereien, die in den Stiefeln stecken, sind so verschieden in ihren Formen, daß große und kleine Kinder, mehr und weniger geübte ihren Spaß beim Basteln haben werden.
Wenn man diese Arbeiten mit einer Kindergruppe anfertigt, ist es jedesmal verblüffend, wie unterschiedlich die einzelnen Stiefel gefüllt werden und wie individuell sie dann wirken. Als Fries ins Fenster geklebt, sind sie der schönste Empfang für den Nikolaus.

Nikolaus aus Transparentpapier

Das Transparentpapier gibt dem Fensterbild mit dem Nikolaus eine gläserne Leichtigkeit. Die Kombination mit dem Tonpapier, das an eine Einfassung in Blei erinnert, verstärkt die kunstvolle Wirkung.
Für dieses Fensterbild benötigen Sie zwei Bögen Tonpapier. Sie werden um den aufgezeichneten Nikolaus herum mehrfach mit Heftklammern zusammengeheftet. Nun schneiden Sie beide Bögen gleichzeitig zu: erst das Innere, dann die Umrißlinie des Nikolaus. Da es sich um große, geschwungene Flächen handelt, eignen sich sowohl Schere als auch Cutter.
Nun kleben Sie auf die vorgezeichnete Seite die Transparentpapierfüllungen, wie sie auf der Abbildung ersichtlich sind. Darauf kommt der zweite, „leere" Nikolaus deckungsgleich mit dem „gefüllten". Sie erhalten so ein Fensterbild, das von drinnen wie draußen im selben Maß schön wirkt.
Den kräftigen Braunton der Stiefel erreichen Sie durch doppelt verarbeitetes Transparentpapier.

Material
Tonpapier in Rot
Transparentpapier in Rot, Weiß, Braun, Gelb

Werkzeug
Schere, Cutter, Unterlage, Heftklammern, Klebstoff

Nußknacker

Bei den Motiven der folgenden Seiten haben Holzschnitzereien aus dem Erzgebirge Modell gestanden. Sie können die Teile anordnen, wie auf den Abbildungen vorgeschlagen, oder einen weihnachtlichen Fensterfries gestalten.
Schneiden Sie bei den zunächst grob zugeschnittenen Figuren das Innere mit dem Cutter aus. An den Stellen, an denen Ihnen die Rundungen zu eng werden, nehmen Sie eine Nagelhautschere. Einige Löcher können Sie mit der Lochzange anbringen. Als letztes schneiden Sie dann die Umrißlinie.

Material
Tonzeichenpapier in Rot und Grün

Werkzeug
Cutter, Unterlage, kleine Schere (Nagelhautschere), Lochzange

Engel

Die kunstvoll verzierten Engel mit den brennenden Kerzen sind ein äußerst attraktiver Schmuck für weihnachtlich ausgestattete Räume.
Die kräftigen Rot- und Grüntöne, die auch in der Volkskunst stark vertreten sind, bringen die Fensterbilder besonders gut zur Geltung.
Mit Sternen, wie sie auf diesen Seiten abgebildet sind, oder Bäumen (Vorlagenbogen) lassen sich die Motive der Nußknacker und Engel weiter ausgestalten.

Bäume und Sterne

Die Weihnachtsbäume und Sterne, die das Motiv der Engel und Nußknacker auf den Vorseiten ausschmücken, werden, in Gruppen angeordnet, zu einem interessanten Fensterbild.
Eine andere Möglichkeit, die sich bei diesen zarten, dekorativen Elementen anbietet, wäre ein weihnachtliches Mobile. Allerdings müßten die Formen etwas verkleinert werden.

Großer Weihnachtsbaum

Das Fest steht vor der Tür: Nun ist es an der Zeit, den Weihnachtsbaum zu putzen. Ein Fensterbild mit einem geschmückten Baum – bereits im Vorfeld angefertigt – ist eine zusätzliche Zierde für den Raum. Mit solchen Fensterbildern läßt sich Weihnachtsstimmung im ganzen Haus verbreiten . . .
Schneiden Sie den Weihnachtsbaum aus Tonkarton aus. Dabei können Sie ohne Schwierigkeiten mit dem Cutter arbeiten, wenn Sie den Baum zusammen mit der Unterlage an den runden Stellen langsam in die Schnittrichtung drehen.
Die Herzen und Sterne oder andere kleine Accessoires zeichnen Sie auf doppelt gelegtes Tonpapier und schneiden so viele aus, wie Sie möchten.

Material
Tonkarton in Grün
Tonpapier in Gelb und Rot

Werkzeug
Schere, Cutter, Unterlage, Klebstoff

Kleiner Weihnachtsbaum

Der kleine Baum kann entweder am Fenster oder auch frei beweglich an einem Faden im Raum aufgehängt werden.
Stellen Sie doch einmal Kindern die Grundform dieses Baumes zur Verfügung, und geben Sie ihnen die Aufgabe, ihn zu schmücken. Sie werden erstaunt sein, wie ideenreich die Bäume dekoriert werden.
Besonders schön kommt die Vielfalt zur Geltung, wenn Sie einen ganzen Wald aus Christbäumen am Fenster entstehen lassen: Es wird ein Weihnachsfries ohnegleichen sein.

Filigraner Weihnachtsbaum

Sie können den Weihnachtsbaum – den großen wie den kleinen (Seite 53, 55) – auch auf ganz andere Art verzieren, indem Sie den Schmuck nicht aufkleben, sondern aus der Grundform ausschneiden. Eine Variante, die dieses Fensterbild leicht und filigran wirken läßt.
Noch ein Tip: Es lohnt sich, die kleinen Dekorationselemente sorgfältig herauszulösen, denn sie geben hübsche Geschenkanhänger und Schmuckelemente für Weihnachtskarten ab.

Hirten und Schafe

Es ist Heilige Nacht: Ein Engel bringt den Hirten auf dem Felde die Frohe Botschaft von der Geburt des Gottessohnes.
Mit diesem weihnachtlichen Motiv lassen sich Krippendarstellungen auf eindrucksvolle Weise ergänzen.
Das Fensterbild wird aus zwei Bögen Tonkarton geschnitten, da es besonders breit ist (88 cm; Tonkarton: 70 cm). Auf dem Vorlagenbogen finden Sie schraffiert eingezeichnete Klebeflächen. Hier werden die beiden Teile zusammengefügt. Den zugehörigen Engel und die Sterne können Sie aus den Resten anfertigen.
Bevorzugen Sie das Motiv in Weiß, nehmen Sie einen übergroßen Karton für Bauzeichnungen und halbieren diesen in Längsrichtung. Das Motiv paßt in der gesamten Breite darauf.
Wenn Sie das Bild übertragen haben, schneiden Sie es zunächst grob aus. Den länglichen Karton können Sie gut in der Hand halten, während Sie mit einer feinen Schere die äußeren Konturen schneiden. Auch die Rundungen im inneren Bereich schneiden Sie vorzugsweise mit der Schere. Die geraden Schnitte lassen sich am besten mit dem Cutter ziehen.

Material
Tonkarton (hier Japico) in der gewünschten Farbe

Werkzeug
Schere, Cutter, Unterlage, Klebstoff

Eva Rüscher ist 1947 in Gummersbach im Oberbergischen geboren. Sie ist ausgebildete Kunst- und Werklehrerin und arbeitet seit fast zwanzig Jahren in diesem Beruf. Sie unterrichtet an einer Realschule in Höxter und gibt nebenbei Bastelkurse für Jugendliche und Erwachsene.

CIP-Titelaufnahme
der Deutschen Bibliothek

Fensterbilder riesengroß:
mit Vorlagen in Originalgröße / Eva Rüscher. 3. Aufl. – Freiburg i. Br.: Christophorus-Verlag, 1991
(Hobby & Werken)
ISBN 3-419-53500-7

Styling und Fotos:
Ulrike Schneiders
Reinzeichnungen:
Anne Marie Friedel
Reinzeichnungen Seite 10 und 46:
Herbert Becker
Umschlaggestaltung:
Michael Wiesinger
Reproduktionen:
Scan-Studio Hofmann,
Freiburg i. Br.
Herstellung: Konkordia
Druck GmbH,
Bühl (Baden) 1991